AF453141

QUESTIONS

PUBLIQUES

PAR LÉO L.

BORDEAUX

IMPRIMERIE RAGOT, RUE DE LA BOURSE, 11-13.

Octobre 1859.

PRÉFACE.

Ce n'est qu'à contre-cœur que nous esquissons l'historique de la question du Pont ; d'autres eussent mieux réussi sans aucun doute, mais l'esprit public s'est tellement énervé que bien des personnes répugnent au moindre travail, à la moindre fatigue. Ceux mêmes qui, par leur intelligence ou par leur intérêt, auraient eu les meilleures chances ainsi qu'un désir sincère, s'effacent devant ce grand niveau égalitaire qui a nom la Paresse.

Un écrivain distingué (1) sous le titre de *Question Municipale*, a bien donné le signal à nos populations. Suivons l'exemple.

Si les membres de la Commission qui ont accepté le

(1) M. André Lavertujon.

mandat de défendre l'intérêt de la circulation sur la Garonne, et qui, par cela même, devraient leurs labeurs à cette immense question, n'ont pensé, jusqu'à ce jour, à donner aucun retentissement à leurs efforts, nous opinons différemment, et nous disons qu'il est temps d'agir au grand jour, et même au prix de sacrifices pécuniaires, nous n'hésiterons jamais à dire hautement que le mal qui nous afflige doit avoir un terme, qu'il faut à une ville de commerce, l'âme du commerce, la circulation ; qu'il ne s'agit plus de proclamer ce principe vieux comme le monde, mais de le mettre en pratique, que Paris nous a donné l'exemple depuis 11 ans, car il n'y a plus dans son enceinte un seul pont payant, que ces barrières ont été tout d'un trait anéanties en février 1848. Espérons donc qu'ici la force brutale (toujours blâmable) ne sera pas une nécessité absolue ; Lyon nous présente les mêmes faits, plusieurs ponts viennent d'être rachetés d'emblée, et remarquons qu'il existait là-bas plusieurs voies de communications gratuites, tandis qu'à Bordeaux, nous en sommes toujours réduits à notre unique viaduc si lourdement onéreux. Donc, réclamons envers et contre tous ; le silence que l'on dit la leçon des rois, n'a pas été compris ici ; il n'a été que le tombeau de la vérité et des droits d'une population qui ne sauraient plus longtemps être ballottés. L'éteignoir n'a raison que de la flamme précaire du flambeau ; il ne peut rien contre le soleil. Hâtons-nous surtout :

> Car ce char qui fuit...
> Est notre existence qui passe !!

QUESTIONS PUBLIQUES.

CHAPITRE PREMIER.

Des réformes ou fondations indispensables à Bordeaux et des périls d'une plus longue attente.

> Quand, selon l'expression de Pascal,
> l'on possède un chemin qui marche, ren-
> dre inabordables les rivages qui le bor-
> dent est plus qu'un crime, c'est un suicide.

Il est notoire que presque toutes les administrations se sont occupées du rachat du Pont, si non d'une manière habile ou heureuse, du moins avec une certaine ténacité dont on doit leur tenir compte.

L'on a, il est vrai, oublié ces questions dans les moments où l'on eût infailliblement réussi, avoir attendu n'a abouti à rien. Huit ans d'une paix profonde, d'une tranquillité sans exemple, huit ans d'activité pour toutes les villes de l'Empire et qui ont métamorphosé complètement Paris, Lyon, Marseille, etc., ne se sont fait que peu sentir chez nous, du moins dans les grandes questions vitales.

On a, il est vrai, orné quelques places, réparé quelques monuments, gratté des façades, dépecé le Jardin-Public déjà exigu; on a érigé une belle façade au détriment d'un bel emplacement et quelques statues fragiles en répétition de celles qui ornaient déja le Palais-de-Justice; le marbre a succédé à la pierre, là où il eût fallu du bronze le zinc et la fonte ont à leur tour singé le métal artistique et durable; nos musées ont acquis quelques bons tableaux, quelques alignements complètent à peu près le chiffre de nos améliorations joints à quelques portions de quais verticaux sans exempter l'amenée des eaux et un marché au bétail.

Ces enjolivements qui ont leur valeur ne suffisent pas selon nous, surtout pour les promenades qui sont encore à faire. Bordeaux est en appétit depuis 50 ans', les circonstances l'ont trahi continuellement, les hommes l'ont abandonné; un auteur de talent l'a dit : « Bordeaux se meurt, « parce que le Havre se pousse et Bordeaux se laisse aller. »

Boulogne même, à l'heure qu'il est, tend à dépasser Bordeaux commercialement (1). Des esprits compétents prétendent que l'on ne doit pas encourager les affaires factices, c'est l'opinion de la mort! Mais la vie dira l'opposé! — Quoi l'on ne doit s'aider, l'on ne doit chercher à vaincre les obstacles, l'on doit vivre au jour le jour, l'on doit attendre toujours d'être dépassé, effacé, annihilé par ses rivaux, avant de songer à combattre et à améliorer?

Mais si par des travaux productifs vous attirez un nou-

(1) D'après le tableau annuel du commerce de France, Bordeaux est distancé pour le chiffre des affaires par Boulogne même; nous qui étions au premier rang, nous sommes à l'heure qu'il est au quatrième.

veau noyau de population, vous créez de nouveaux besoins;
un nouveau commerce surgit par le fait même de cette création, de cette attraction.

Que l'on suppose ici la réalisation d'une idée, d'un besoin auquel nous ne pourrons échapper comme port de
commerce : la création des Docks; aussitôt un accroissement
de population se fait sentir, les affaires augmentent non
seulement par l'appoint de ce supplément, mais encore par
le frêt, par les transports des objets utiles à ces créations et
bien davantage encore par suite de ce courant commercial
qui se dirige toujours vers les points où il est bien accueilli
et à son aise, enfin vers les lieux favorisés de ces constructions et institutions modernes qui joignent, à l'avantage
d'une immense économie, des règlements spéciaux, appâts
très-appréciés par les acquéreurs et les vendeurs.

Londres, Naples, Le Havre, Marseille, Saint-Nazaire
surtout, appuient par la pratique nos assertions.

Dans un même ordre d'idées, si des ateliers de réparations, munis d'outillages suffisants, agencés de manière à
pouvoir en tout temps et sans délais trop longs, réparer nos
vaisseaux éprouvés par les mers, existaient ici comme à
Marseille, Rochefort, Nantes, etc., il est hors de doute que
cette indispensable institution retiendrait chez nous les navires si nombreux qui, dans le but d'être réparés, relèvent
pour ces ports industrieux, et que dès-lors, équipages, dépenses et réparations deviendraient par leur séjour un avantage pour nous et un germe profitable de plus. Si mieux
encore, nous fondions chez nous, sur une large échelle et
avec les perfectionnements nécessaires, certaines industries
indispensables à l'écoulement de nos cargaisons, nous ne

ferions que notre devoir et nous monopoliserions les affaires qui fuient par force chez nos rivaux. Ainsi les raffine-
ries, mieux installées, mieux organisées, permettraient de lutter avec Nantes, tandis qu'il est avéré que cette place vient
lutter en sucres raffinés jusque dans Bordeaux même, et ce
pour la qualité comme pour le bon marché; on le comprend
dès-lors, tout approvisionnement extérieur nous est interdit.

Pour les sésames, les arachides, ne sommes-nous pas
dans les mêmes conditions d'infériorité ; peu de navires
avec ce frêt trouvent leur placement à Bordeaux; il arrive
qu'ayant peu d'huileries, nous perdons non seulement les
améliorations qu'amènent ces industries, mais encore nous
détournons les consignations; les navires ne sont envoyés
en retour chez nous qu'exceptionnellement et par hasard.

Sont-ce donc des industries factices que celles que nous demandons? Ne sont-elles pas fondamentales de notre existence? Ne pas les créer, même au prix d'immenses sacrifices,
est plus qu'une faute.

Loin de nous l'idée d'établir ici de ces industries de fan-
taisie ou de luxe; rien ne peut moins convenir à notre caractère, à la nature de nos populations ; mais pour les trois
ou quatre industries que nous appellerons mères-nourrices
de notre commerce, personne ne nous contredira et n'ap-
puiera une stérile inaction dont le moindre inconvénient
est de voir l'affligeant spectacle d'une désertion navale, em-
portant, nous le répétons encore, chez nos rivaux, des cargaisons sans débit chez nous (1).

(1) Une seule huilerie existe à Bordeaux , et depuis peu l'on doit
bien penser qu'elle ne peut suffire, ne serait-ce que par le mono-

En signalant les fondations utiles à Bordeaux, personne ne peut douter que ponts et passerelles n'en soient la base essentielle ; de fait, peut-on se mouvoir, commercer avec ces barrières, ces entraves. Si le fleuve apporte des richesses, il les distribue sur la rive droite comme sur la rive gauche ; les séparer par ce qu'il devrait être un trait-d'union est un contre-sens, la logique n'admet pas le contre dans le pour ; si les ponts sont utiles, si leur but est de souder et les territoires et les intérêts, dès-lors les péages sont d'atroces inconséquences, surtout si le public n'a pas une seconde voie de communication gratuite à choisir.

Un terrain situé dans les mêmes conditions que Bordeaux, une fertilité inouie expulsée de l'alimentation publique, ce qui serait envié partout ailleurs, une population déjà très-nombreuse et qui ajouterait à notre prépondérance, une administration unique, uniforme, énergique sur les deux rives, voilà des tentations suffisantes pour hâter une annexion désirée par la généralité, et du reste, n'avons-nous pas assez attendu, faut-il pousser au-delà de l'héroïsme l'épreuve de l'attente quand partout les améliorations fondamentales sont accomplies et s'accomplissent comme par magie. Toulouse a trois ponts, Bayonne quatre, et cette

pole même dont elle jouit. Ainsi, si par une cause quelconque elle vient à chômer, les graines oléagineuses se trouvent dès lors à la discrétion absolue du hasard. De plus, les capitaines qui connaissent cette situation ne peuvent songer à venir à Bordeaux, car si le marché est dans une seule main, leur intérêt est d'aller où il y a concurrence. La concurrence, on le voit encore, est aussi utile au monde que le soleil qui l'éclaire.

dernière ville s'est annexé Saint-Esprit faisant même partie d'un autre département, etc.

S'il est bien d'embellir, il est mieux d'améliorer, de créer ce qui augmente la richesse, et quand par des fondations profitables, réclamées par la nécessité et par l'opinion, vous aurez composé ce bien-être, l'agréable et le futile même vous seront largement octroyés ; il sera temps alors d'en user sans crainte ni remords.

CHAPITRE II.

Des préjugés. — Des ponts modernes. — Tarifs comparés de notre pont.—Rachat de tous les ponts payants de Lyon. — Transplantation des arbres à Paris.

A cœur vaillant rien d'impossible.
JACQUES CŒUR.

On a cru longtemps qu'il était très-difficile de construire un pont sur la Garonne, de plus très-coûteux; et la vanité aidant, l'on a vanté notre pont comme une huitième merveille du monde.

Ces idées ont fait plus de tort qu'on ne pense, elles ont enlevé jusqu'à la pensée d'une nouvelle construction dans ce genre, dès lors les esprits ont langui dans une apathie fâcheuse; Bordeaux est peut-être la seule ville qui n'ait pas une création récente dans l'espèce. Depuis 20 ans, pas une localité n'est restée inactive, Libourne même qui nous touche, possède deux ponts; Paris, Tours, Bayonne, Nantes, Rouen, ont depuis cette époque doublé leurs voies de communication. D'où vient donc cette désertion dans des intérêts de premier ordre si ce n'est des croyances que nous venons de signaler ?

Nous devons démontrer l'absurde de ces prétentions.

La science a tellement marché depuis quelques années, que, bien que la main-d'œuvre et certaines matières aient considérablement augmenté, l'on construirait actuellement pour moitié prix et surtout dans un temps dix fois moindre, un pont pareil au pont Deschamps.

L'emploi du fer remplaçant généralement celui de la pierre, il en découle que pour deux millions environ, l'on construirait devant Bordeaux un pont suffisant à tous les usages et d'une largeur plus grande que celle du nôtre qui a le défaut d'être trop étroit. De plus, les piles pourraient être réduites à quatre et même par la suspension une seule pile suffirait, ce qui annulerait bien des allégations.

On objecte que le régime du fleuve pourrait peut-être souffrir d'une troisième construction ; cette raison heureusement est usée, vieille comme le temps ; on l'a objectée partout où les intérêts étaient divisés ; on l'a objectée ici pour la construction de la Passerelle. Sur la Tamise même, qui a tant d'analogie avec la Garonne, aussi bien par l'importance de sauvegarder la route du monde pour les habitants de Londres, qu'à cause de sa nature, présentant de plus cette ressemblance, comme fond vaseux, sablonneux et sujet aussi aux marées, cette observation toujours mise en avant n'a pas empêché la construction de neuf ponts dans l'espace de 50 ans, et encore l'on ne s'arrêtera pas là chez nos voisins, qui tiennent avant tout à conserver la navigabilité sur un fleuve qui est pour eux leur *sine qua non* d'existence.

A propos de ce système d'opposition qui en tous temps et en tous pays perce sous l'apparence du bien public, dont il revêt la livrée pour combattre les grandes mesures d'intérêt général, nous ne pouvons résister au désir de mettre en parallèle le langage des hommes les plus notables qui ont, en Angleterre comme ici, tenu une conduite identique quand il s'est agi de construire de nouveaux ponts ; même mesquinerie de vues, mêmes paradoxes avancés, mêmes prédictions fâcheuses, égoïsme semblable, le tout heureusement démenti par l'expérience.

Une récente publication nous apprend que, lorsqu'il fut question de créer un second pont à Londres, on rencontra une grande opposition. Les habitants de la Cité protestèrent contre tout pont dont la circulation n'émanerait pas de la Cité même. M. Love, à la chambre des communes, déclara que selon l'avis du Lord Maire « si les voitures devaient « passer sur le nouveau pont proposé, c'en était fait de « Londres ! »

Sir Thompson s'éleva contre parce que le pont « rendrait les extrémités de Londres trop grosses pour le « corps » ; qu'en outre, il amoncellerait des sables et porterait atteinte à la navigation.

M. Boscawen se prononça contre le *Bill*, parce que si l'on faisait cette concession, rien n'empêcherait qu'on ne vînt demander un troisième pont.

Ces raisons firent suspendre pendant de longues années cette création, ce qui n'empêche pas, comme nous l'avons déjà dit, que Londres possède neuf ponts, que chaque jour on ne cesse d'en réclamer de nouveaux et qu'aucun de ces tristes présages ne s'est réalisé.

N'est-ce pas mot à mot notre histoire, à la différence que les populations bordelaises et avoisinantes ont réclamé par d'innombrables pétitions la gratuité sur la passerelle et ont senti que ces allégations de décentralisation n'étaient pas réelles à leurs yeux, ou du moins qu'elles cachaient un bloc enfariné dont elles avaient raison de se méfier, puisque l'événement a prouvé que l'on n'a ni pont gratuit ni passerelle gratuite, justement par ces raisons si identiques à l'opposition anglaise.

Nous devons ici dire quelques mots sur les ponts autrement remarquables que le nôtre, qui existent dans le monde ; l'on jugera qu'à côté de ces gigantesques et hardis travaux nous sommes Lilliputiens, et que ce que nous croyons si remarquable ne l'est que relativement ; cela soit dit sans parti pris de dénigrement, car nous ne voulons combattre ici que l'exagération outrée, rendant honneur, du reste, à tout seigneur.

Un des ponts les plus remarquables de l'Angleterre est celui de Newcastle qui précisément sert à deux fins, passage des wagons en même temps que passage des voitures particulières, but habilement réclamé et obtenu par les habitants de ces contrées plus heureux que nous, car ils jouissaient déjà d'un pont gratuit. Il y eut aussi, lors de sa construction, pas mal d'opposants ; on cite plus d'un nom connu qui employa tous les moyens imaginables pour s'opposer à son exécution.

Ce viaduc qui non seulement traverse une rivière (1) navigable, mais encore relie deux ravines d'une largeur de

(1) La Tyne.

4000 pieds, enjambe les maisons entassées sur les deux côtés de la vallée ; il est élevé de 130 pieds (1) au-dessus du lit de la rivière, ce qui ne nuit ni à la navigation des vaisseaux, ni aux besoins des locomotives, ni à la circulation des voitures particulières ou des piétons qui, sans doute en Angleterre, possèdent une hardiesse incompréhensible chez nous, car au dire des sages de notre Cité une circulation complexe sur notre Passerelle eût été un danger ! ! !

Remarquons surtout que ce viaduc, outre son élévation fabuleuse, a 4000 pieds de long.

Ainsi, s'il y a danger, les Anglais l'affrontent bénévolement tous les jours avec une audace qui doit nous confondre et nous piquer au vif, car trop de prudence peut être mal interprétée, ce qu'il faut éviter à une population.

A propos de cette prudence outrée qui paralyse tout ici, nous ne pouvons nous empêcher de citer l'exemple de ce fameux pont suspendu affecté au service d'un chemin de fer sur le Niagara près des célèbres chûtes. La portée du pont à *huit cent vingt* pieds, il est à une élévation de deux cent cinquante pieds ; cette construction oscille, lorsque le vent est fort, comme une véritable balançoire ; même sous les pas des piétons, il remue très-fortement ; eh bien ! il y a chaussée pour les locomotives et wagons et chaussée pour la circulation ordinaire. Et surprise extrême, pas un seul accident n'est encore arrivé ! L'on dira que les Américains sont des casse-cou, pas toujours comme on voit.

A côté de ces exemples, le pont de Napoléon à Bercy,

(1) Le pied anglais équivaut à 30 cent. ⁸/₁₀ Le pied français a 33 cent. 33 millimètres.

n'est qu'un joujou comme exécution et comme hardiesse, ceux également à deux fins qu'on construit en ce moment à Kehl et à Cologne ne seront que de pâles imitations, bien qu'ils soient aussi à deux voies et qu'à Cologne le Rhin ait 450 à 500 mètres de largeur.

Il existe au Canada comme difficulté, comme travail, comme dépense et exécution, un pont bien autrement important que ceux ci-dessus; nous voulons parler du pont Victoria qui a 22 arches de 242 pieds chaque; il ne faut pas oublier qu'il est à 60 pieds d'élévation du niveau du Saint-Laurent, fleuve qui coule avec une vitesse de dix milles à l'heure et qui charrie des montagnes de glaces pendant l'hiver, ce qui plus d'une fois a manqué d'engloutir les travaux; ce pont laisse aussi passage aux piétons et aux charrettes.

En Egypte, sur le Nil, il existe des ponts dont le but, la grandeur, la hardiesse, étonnent le voyageur; celui près de Brenha est suspendu dans le milieu et sert aux chemins de fer comme en Amérique; les deux arches centrales sont dotées d'une poutre de suspension de 157 pieds de long. Ce qu'il y a de prodigieux dans ces quelques ponts, suspendus ou non, c'est l'éloignement des piles; à Sattash, l'ingénieur Brunel est parvenu, sur un pont fixe, à les espacer à 455 pieds l'un de l'autre.

Tous ces ponts se sont faits en vingt fois moins de temps qu'il n'en a fallu chez nous.

Nous devons à ce sujet quelques mots sur les méthodes de travail employées anjourd'hui, et cela afin de faire remarquer combien dans nos contrées on semble arriéré ou plutôt combien tout traîne en longueur, quand ailleurs tout marche sans les économies ridicules qui ralentissent la possession de chaque chose. C'est ainsi que la passerelle qui devait être terminée dans 18 mois (1) mettra plus du double du temps pour se finir, au grand détriment de l'intérêt général.

A Newcastle, on n'a mis que trois ans pour construire ce prodigieux travail. Les pilotis étaient si énormes qu'il fallut se servir de la vapeur pour les enterrer ; en quatre minutes on enfonçait les pieux de 32 pieds, on faisait fonctionner sans interruption deux marteaux de trente quintaux chaque, frappant 70 coups à la minute ; à l'aide de cette formidable machine, une des opérations autrefois les plus coûteuses et pénibles, est devenue aussi facile qu'économique. Ajoutons qu'à ces procédés, employés maintenant sur le Rhin pour relier le duché de Bade à la France, on a joint l'électricité qui sert à éclairer la nuit les travailleurs ; de plus, pour la fondation des piles, on emploie l'air comprimé ; en un mot, la vapeur en tout et partout comme force motrice : pour les sonnettes, les dragues, les grues, les sciages, les machines soufflantes, ce qu'on dédaigne ici pour faire une passerelle sur un fleuve qui a pourtant quelque importance.

Nous ne pouvons fermer le chapitre des préjugés sans parler d'un des plus funestes et qui a nui beaucoup à l'obtention du but auquel nous visons, et qui est :

1° La création d'un troisième pont ;

______

(1) Le décret a été signé le 1er août 1857, et fixait 18 mois échus en février 1859, il n'y a pas le cinquième du travail de fait à l'heure qu'il est.

2° Ou l'obtention d'un passage gratuit sur la passerelle pour les piétons, ou seulement pour les véhicules au moyen d'une forte séparation en tôle, de la voie publique avec les rails; ou passage dessus ou dessous la voie ferrée, ce qui malgré l'état des travaux peut encore se faire;

3° Ou le rachat immédiat du pont Deschamps, à nos yeux aujourd'hui presque impossible, à cause de la dépense et des clauses de la concession, et qu'on ne peut aborder que par ces deux moyens.

L'on a beaucoup déclamé contre ceux qui s'occupaient de ces questions; l'on a surtout avancé qu'ils ne le faisaient que parce que c'était leur intérêt particulier, et l'on s'est refroidi à cette idée; à ce compte les dix mille signatures qui figurent au Ministère ont un intérêt particulier à la chose. Nous croyons que le public entier a ce même intérêt, depuis le laboureur jusqu'au banquier, le cocher de fiacre comme le portefaix, bref tout le monde, car chacun est frappé dans son essor, dans son travail. L'humble omnibus, lui-même, fait-il les recettes qu'il ferait s'il pouvait circuler gratuitement sur le Pont ou sur la Passerelle? Mais ceux qui ont si adroitement porté cette attaque, ne sont-ils pas des exceptions? S'ils n'ont pas intérêt pour eux ou leurs concitoyens à une circulation sans entraves, ils sont alors, quoi? actionnaires! et ils auront beau répondre que lorsqu'ils passent sur le pont avec leurs équipages, ils paient avec plaisir, ils ne décideront jamais les humbles qui sont à pied, plus nombreux, à les imiter, et surtout à se trouver satisfaits *comme eux*. Du reste, faire un crime à ceux qui ont intérêt à la gratuité de la circulation de s'occuper de cette question, n'est-ce pas incriminer tout le monde?

Dieu sait le pourquoi de l'abstention de quelques-uns. Ils savent qu'on ne sert pas deux maîtres à la fois ; dès-lors, servant leur intérêt personnel par l'inaction, que condamnent-ils? ceux qui agissent ; mais seulement avec cette légère nuance que l'intérêt de ces derniers a le bonheur de se lier si intimement avec le bien général qu'il ne fait plus qu'un !

Du reste, à qui persuadera-t-on qu'on trouvera à Bordeaux des personnes parfaitement désintéressées dans une question et qui s'en occuperont exclusivement. Cela se voit peu ; ce serait, croyons-nous, un contre-sens. Eh bien ! ce contre-sens adroitement lancé a suffi à bien des gens pour les endormir, les faire tergiverser, et a nui plus qu'on ne le croit à la cause que nous servons, disons-le hautement, et **dans** notre intérêt et dans l'intérêt général. Nous en avons d'autant plus le droit, que des suffrages honorables nous ont poussé, encouragé et que nous avons offert comme souscription l'achat d'un droit que nous entendons pour notre part payer à beaux deniers. (1)

En résumé, nous accuser de servir nos intérêts, c'est nous accuser de servir l'intérêt public qui en découle; c'est se reconnaître coupable d'un égoïsme bien plus blâmable que de ne rien faire; c'est s'avouer actionnaire; dès-lors l'accusation est un glaive à deux tranchants; enfin, c'est nous donner le droit de dire que, tout en acceptant un man-

---

(1) Nous avons envoyé 3000 fr. pour l'obtention du passage sur la Passerelle, et si l'on eût fait un appel au public, cet exemple aurait été suivi par bien d'autres encore, et pour des sommes bien plus importantes.

dat, nous avons, par des peines, des soins, enfin par l'*ulti-ma ratio*, c'est-à-dire l'argent, voulu non obtenir une faveur, mais payer une faveur.

Notre Conseil général qui, en toutes circonstances, se trouve à la tête de toute amélioration, de tout progrès, et qui pousse peut-être jusqu'à l'héroïsme sa passion humanitaire, comme le prouve son vœu émis naguère pour le percement de l'isthme de Suez (1) ; notre Conseil général, disons-nous, a bien le premier revendiqué les droits de nos populations, quand il a émis le vœu que la Passerelle fût construite dans l'axe de Bordeaux avec passage pour les piétons ; on a méconnu ces vœux pourtant si modestes, et rien n'a été accordé ; nous n'avons plus guère d'espoir qu'en son bon vouloir. Aujourd'hui, mieux renseigné, il peut insister avec plus d'énergie sur ce point qui est la pierre de touche de tout rachat ; il peut mieux encore réclamer, même avec l'offre d'une certaine somme, le passage des voitures, possible à obtenir encore vu le peu de progrès qu'ont fait les travaux. Il peut enfin faire renaître la question de ses cendres, et quand il verra qu'à Newcastle, à Paris, en Amérique, en Égypte, etc., l'on possède des viaducs bien autrement hardis que le nôtre, journellement pratiqués sans le moindre danger, il comprendra qu'obtenir un de ces avantages, c'est trancher le nœud gordien, que la dernière décision du Conseil municipal est un atermoiement.

(1) Nous pensons que la réalisation de ce gigantesque projet sera la ruine de Bordeaux. Les Anglais ont prévu comme nous ces résultats ; l'inspection d'une sphère convaincra plus que des paroles.

sans fin, que pour savoir la valeur des actions du pont (1)
il n'est pas besoin d'étudier de longues années encore et
l'effet d'une concurrence et l'achèvement d'un travail à
peine ébauché, puisqu'il suffit de réfléchir à cette garantie
de 8 1/4 qui empêchera toujours les actions d'être au-des-
sous de 1600 fr. et qu'attendre ne peut que les faire augmenter, qu'alors son devoir est de couper court à tous ces
tiraillements. Tel est, à notre avis, le sens de son intervention dans un moment où toutes les opinions se sont fait jour,
où tous les plans de rachat ont été essayés sans succès, et
dans une circonstance où la hausse des actions vient donner
raison à l'opinion émise que le rachat est et sera plus dis-
pendieux au fur et à mesure qu'on attendra.

On a dit aussi qu'il n'était pas juste d'établir soit une
passerelle, soit un troisième pont en concurrence d'un mo-
nopole, odieux si l'on veut, mais légitime et revêtu de toutes les formalités légales, que c'était une attaque à la pro-
priété. On a victorieusement répondu à ces scrupules
intéressés. On n'attaque pas plus les droits des actionnaires
qu'on n'attaque ceux des propriétaires des maisons qui se
trouvent placées sur une des rues les plus fréquentées et
les plus marchandes, quand on ouvre parallèlement une
voie nouvelle. D'après cette opinion on n'aurait pas dû
construire la rue Esprit-des-Lois parallèle aux fossés du
Chapeau-Rouge, le cours de l'Intendance à la rue Porte-
Dijeaux !

(1) Qu'on nous pardonne des répétitions, fastidieuses peut-être,
en considérant que c'est un moyen de les rendre sensibles.

La concurrence, Dieu merci, est l'ancre de salut des sociétés modernes! si elle n'existait pas, il faudrait l'inventer; que deviendrions-nous sans elle?

L'état de marasme dans lequel nous sommes habitués à vivre deviendrait bien vite un germe pestilentiel; les chemins de fer, les bateaux à vapeur, l'électricité, l'embellissement des villes, l'élargissement des rues, etc, etc., seraient pour nous un superflu inutile!

On a dit avec vérité, le pont lui-même n'a-t-il pas porté plus qu'une concurrence au quartier sud et aux territoires en amont; ne les a-t il pas déshérités du droit le plus juste, le plus inattaquable, celui légué par la nature et par des siècles de possession, le droit à la grande navigation, à la circulation? Enfin, ce fleuve qui les touche est pour eux le supplice de Tantale dont le pont est la cause. Voilà donc une concurrence assez intense, assez injuste même, qui, mise en relief avec celle qu'a dû subir la batellerie, constitue des dommages très-suffisants, et dès-lors pourquoi une ville entière n'aurait-elle pas le droit de s'affranchir an même titre; la peine du talion n'est-elle donc plus la suprême justice?

La concurrence est faite pour tous; nos actionnaires l'ont trouvée très-douce pour eux, ils n'ont plus le droit de s'en plaindre. Du reste, il n'existe aucune clause dans leurs statuts de concession qui les en affranchisse, et la preuve, c'est qu'ils n'ont soufflé mot contre la construction de la passerelle; c'est donc avouer qu'ils ne peuvent l'empêcher. Ce serait odieux, si après avoir eu un pont construit par tout le monde, presque fini et qu'on a livré pour un million, l'on n'avait pas droit à cette rivalité! Convenons-en, si l'on créait mille concurrences, personne ne serait lésé; il n'y a que le public qui peut, qui doit se plaindre d'un *statu quo* qui compromet jusqu'à son existence commerciale.

Un des derniers préjugés que nous essaierons de combattre est celui-ci : « si l'on fait une passerelle ou un nouveau pont on enlève le courant commercial de son milieu actuel et on le porte aux extrémités; dès-lors perte qu'il faut prévoir et empêcher ». Nous citerions des noms bien connus, des personnes bien placées qui ont tenu ce langage et qui abdiquant complètement l'intérêt des masses, n'ont songé et maladroitement encore qu'à leur intérêt direct et momentané; ce langage est celui du Lord Maire (cité plus haut) quand il s'est agi de construire un pont hors de la Cité. Eh bien! nous avons prouvé que la Cité n'a rien perdu de son activité fébrile. A Paris c'était la même chose lorsqu'on a érigé le pont Napoléon ou la passerelle; l'on objectait que les extrémités de la capitale prenaient des proportions qui menaçaient la vitalité du cœur. Le Pont-Neuf a-t-il rien perdu de sa circulation, malgré la construction de 25 ponts, tous affranchis, existant aujourd'hui sur la Seine? on a été obligé de l'élargir au contraire. L'on est trop souvent guidé par un intérêt personnel sans frein; le jugement s'alourdit, le mirage de la cupidité vous éblouit; ce que l'évidence nous enseigne à Londres, à Paris, nous pouvons l'invoquer pour Lyon, pour Toulouse, pour Tours même, qui ont eu à combattre les mêmes abstractions et qui possèdent à l'extrémité de leur territoire des ponts gratuits ou payants en concurrence avec les viaducs coutumiers depuis des siècles de la circulation centrale. Nous citerons dans cette dernière ville, le pont suspendu situé à 2 kilomètres du pontde pierre, d'une largeur d'environ 1800 pieds au moins, reliant le faubourg Saint-Symphorien ; lors de la création, les mêmes jalousies ont éclaté, les mêmes prédictions ont eu lieu. Eh bien ! les propriétés situées au centre, pas plus que celles situées aux extrémités, n'ont diminué, la circulation n'a pas été affectée dans ses habitudes, il s'est créé de nouveaux éléments d'activité qui ont tourné à l'avantage de tous. C'est l'histoire des chemins de fer : examinez la quantité prodigieuse de voyageurs qui a augmenté depuis cette invention, calculez l'augmentation du transit, et vous jugerez par là si le développement qui nait des améliorations doit être jalousé ou non. Nous pourrions répéter que l'électricité a produit les mêmes effets, etc. etc. Les lignes télégraphiques, loin d'amoindrir le nombre des ports de lettres, n'a fait que l'accroître ainsi que celui des timbres-poste.

Donc, nous sommes fermement convaincu de cette vérité que nous répéterons à satiété : si la passerelle avait relié par une voie ordinaire les deux rives de la Garonne, il serait arrivé que le pont aurait conservé ses habitués, et les aurait même augmentés en diminuant fortement son péage ; une nouvelle clientèle se serait formée pour la passerelle : les gens de la campagne, qui fussent venus plus nombreux et plus souvent garnir nos marchés de leurs produits, chose qu'ils ne font pas aujourd'hui ; les matériaux d'encombrement pour bâtir ou de peu de valeur, sarments, échalas, engrais et enfin bestiaux ; les gens peu fortunés, qui nombreux en famille ne connaissent que de nom la rive droite de la Garonne, les industries nouvelles qui se seraient créées près du fleuve et qui ne le pouvant dans les conditions de séparation existant aujourd'hui avec Bordeaux, vont se fonder dans d'autres départements.

La situation centrale n'eût rien perdu, car les intérêts importants seront toujours concentrés, quoi qu'on fasse, dans le cœur des villes ; on y revient par une force irrésistible.

Nous demandons, non des préventions, mais l'étude de la pratique partout où les mêmes circonstances se sont présentées et nous sommes sûr d'être logique. Il est reconnu que, dans une rue, si une maison mieux distribuée, plus commode, se construit, à l'instant elle porte tort à ses voisines ; s'il s'en construit plusieurs, l'on pourrait présager la ruine des anciens immeubles et c'est le contraire qui a lieu, l'attraction du mieux attire un personnel plus riche, plus nombreux ou plus commerçant, la rue gagne et les anciennes maisons qui semblaient menacées se relèvent plus appréciées que jamais.

Ces phénomènes se retrouvent dans l'ouverture des voies nouvelles, ils se font remarquer dans le commerce surtout ; ainsi on devrait penser que la proximité des mêmes industries, réunies dans les mêmes rues, est de nature à leur porter préjudice, c'est encore une grossière erreur. Tout droguiste qui peut se loger à Paris rue des Lombards est sûr d'arriver à la fortune, et pourtant ils y sont agglomérés par milliers ; ceux éloignés de ce centre voient leurs affaires amoindries, c'est la concurrence qui les enrichit. Il en est de même ici sur une échelle bien moins grande, les rouenneries se traitent presque toutes dans un certain quartier ; la rue Bouquière offre un échantillon semblable dans un autre genre. Bien loin de se nuire par une concurrence qui, en réalité, existe, qu'est-ce qu'il arrive? c'est qu'un quartier, comme une ville, qui est connu pour tel genre de productions ou d'affaires, attire précisément l'attention publique et augmente le chiffre de ses transactions en raison de sa renommée, surtout si sa spécialité fixe l'attention du dehors.

Donc rien n'est plus mal fondé qu'une crainte aussi intéressée qu'aveugle. Encore une fois, ce n'est pas la concurrence entre nous qu'il faut redouter, c'est la concurrence par les autres. Si l'on s'aperçoit qu'à Bordeaux, malgré des idées libérales, tout est mesuré, restreint, amoindri, contre-carré, qu'arrivera-t-il? c'est que les hommes d'industries, entreprenants, actifs, vous fuiront. Vous perdez, non eux seuls, mais l'avenir que vous assurait leur réussite, les affaires qu'ils eussent amenées et centuplées ; enfin, vous entravez une prospérité par les dégoûts, par les jalousies déplacées, et vos rivaux en profitent, voilà tout !

Laissez donc faire la liberté commerciale multiplier à l'excès les affaires, commencez à l'implanter par la liberté des communications, et plus vous en aurez dans de telles conditions, plus vous trouverez d'aliments vitaux qui surgiront comme par miracle de dessous terre.

Nous ne pouvons passer sous silence qu'une des rivales de Bordeaux, que dans un langage plus pittoresque que vrai l'on a nommée sœur jumelle, Nantes, voulons-nous dire, est traversée dans toute la longueur de ses quais par le chemin de fer de Saint-Nazaire qui, à toute heure de jour et de nuit, circule au niveau du sol ordinaire; ce qu'il y a de plus fort, c'est qu'on pouvait placer la gare plus à l'ouest et éviter de trancher la circulation. Eh bien ! Messieurs les Nantais ont réclamé et obtenu cette ligne dans cette condition, et pas même un remblai ni une palissade ne met à l'heure qu'il est le public à l'abri d'une surprise ; les charrettes, les carrosses circulent à côté sur ces mêmes quais, comme si rien n'était. L'habitude et le bon vouloir sont la clé de bien des difficultés ; il est juste de dire que les Nantais ont de la décision et de la persistance ; une preuve de plus, c'est qu'ils possèdent la statue de Louis XVI, ornant une de leurs plus belles places publiques. Quant à nous, nos places sont attristées, dénudées : cette même statue nous l'avons commandée depuis 35 ans ; elle gît dans l'abandon, reléguée dans quelque coin de Paris, et nous faisons volontairement honte au chef-d'œuvre, tort à nos promenades et plus à nous encore, car l'oubli et l'ingratitude sont un lourd fardeau pour une population : c'est une tâche difficile à effacer et qui ne porte jamais bonheur.

On a critiqué l'assertion que les tarifs de notre pont n'étaient pas les plus coûteux de France ; à ce sujet, l'on a mis en parallèle le pont de Cubzac et victorieusement l'on a conclu qu'il en est de plus impitoyables que le nôtre. Nous dirons : Cubzac, est anéanti et son pont contribue plus qu'on ne le pense à ses malheurs ; ils seront bien réduits le jour où l'on n'exigera plus aucun péage. Il y a plus, c'est que Bordeaux est autrement important que Cubzac, et ce qui est désastreux là-bas a des effets dix fois pires ici. Si la Gironde a des exemples sans pareils en France, si elle est encroûtée dans les nécessités de sa vie commerciale et industrielle, si elle subit sur les différents points de son territoire les vicissitudes d'une organisation arriérée, cela prouve tout uniment que le mal n'est pas partiel mais multiple et qu'il faut l'extirper partout où il existe.

Nous mettrons en parallèle, pour répondre péremptoirement à ces allégations, les tarifs des ponts payants dans les principales villes de France, en faisant remarquer que partout où ces ponts existent, ils sont en lutte avec des ponts libres, tandis que non-seulement nous sommes écrasés par un tarif compliqué mais nous n'avons pas le pouvoir d'éviter par un détour un impôt trop onéreux. Ce qui existe ici se remarque sur presque tout le parcours de la Garonne. Il n'y a de ponts gratuits, croyons-nous, qu'à Toulouse et cette vaste étendue est frappée de marasme. Par cela même, de quelle importance pour l'activité générale serait une abolition complète de tous ces obstacles, qui ne se remarquent avec cette persistance que dans le bassin de la Garonne.

On sait, et nous aimons à le répéter, qu'il n'existe plus pour les Parisiens de ponts payants; les révolutions ont eu cela de bon pour eux qu'ils en ont profité pour anéantir tout d'un trait ces vexantes entraves; un pont qui se trouvait à Bercy a seul survécu au niveau égalitaire, le tarif est aussi peu cher que peu compliqué; trois modes de paiements existent : piétons, charrettes et chevaux montés ou non, tandis qu'ici on exige de mille manières la bourse des passants.

Tarif du pont de Bercy.

Piétons avec ou sans fardeaux	F.	»	05
Cheval		»	10
Charrette ou voiture		»	15
A plusieurs chevaux, quel qu'en soit le nombre		»	25

Tarif des ponts payants de Lyon et de Rouen.

Une personne chargée ou non.................................F. » 02
Une voiture.. » 10 et » 15.

Tarif du pont de Bordeaux.

Par personne, sans en excepter les enfants en âge de marcher.....F. » 05
    Dito   avec 10 kilog. de charge............................ » 10
Cheval ou mulet, avec le cavalier................................ » 35
Le même, en laisse, compris le conducteur........................ » 25
Ane ou ânesse chargés.. » 10
Ane ou ânesse non chargés.. » 10
Cheval ou mulet, chargé à dos, avec conducteur.................... » 25
Bœuf ou vache.. » 25
Veau ou porc... » 05
Mouton, brebis, chèvre, chevreau, cochon de lait.................. » 2 1|2
Dindon ou oie, la paire.. » 20
Cabriolet à un cheval, conducteur compris........................ » 70
    Dito   à deux chevaux.. » 90
    Dito   à trois chevaux... 1 25
Voiture de ville, quatre roues, un cheval ou deux hommes, conduc-
    teur compris... » 70
Dito à deux chevaux.. » 90
Dito à trois chevaux... 1 25
Dito à quatre chevaux.. 1 75
Chaise de poste à deux roues et à deux chevaux, le postillon et son
    retour compris, pied levé.................................... 2 50
Dito à trois chevaux... 2 75
Voiture à quatre roues et à deux chevaux, et postillon, comme ci-
    dessus... 3 »
Voiture à trois chevaux.. 4 »
Dito à quatre chevaux.. 5 »
Dito à six chevaux... 6 »
Voiture publique ou diligence à trois chevaux.................... 3 »
Dito à quatre, cinq ou six chevaux............................... 6 50
Charrette de ville ou de campagne, attelée d'un seul cheval ou mu-
    let, avec conducteur... » 75
Dito, attelée d'une paire de bœufs, avec conducteur.............. » 75
Dito, attelée de deux chevaux ou mulets.......................... 1 »
Dito, attelée de deux paires de bœufs............................ 1 25
Dito, attelée de trois chevaux ou mulets......................... 1 25

Charrette à vide, attelée d'un cheval ou de deux bœufs, avec conducteur .... » 50

Charrette chargée, attelée d'un âne ou ânesse .... » 25

   Dito   non chargée, conducteur compris .... » 15

Voiture de roulage à deux roues, à un ou deux chevaux, avec conducteur 2 50

Dito à trois chevaux 3 80

Dito à quatre chevaux 4 75

Chariot de roulage à quatre roues, à un et deux chevaux, avec conducteur 2 50

Dito à trois chevaux 3 50

Dito à quatre chevaux 4 75

Voiture de roulage de toute nature, à vide, à un et deux chevaux, avec conducteur 1 50

Dito à trois et quatre chevaux 2 50

Il sera payé par cheval, mulet, bœuf, âne ou ânesse, attelés, excédant le nombre porté précédemment :

Par cheval, mulet ou paire de bœufs .... » 30

Par âne ou ânesse .... » 05

Traineau attelé d'un cheval ou mulet, ou paire de bœufs, chargé, avec conducteur .... » 60

Dito, non chargé, avec conducteur .... » 50

Petite charrette ou brouette à bras, trainée par un homme .... » 45

Dito par deux hommes .... » 20

Sont exempts :

Les magistrats et officiers généraux en fonctions, le préfet en tournée, les ingénieurs et conducteurs des ponts-et-chaussées traversant pour le service, la gendarmerie, les troupes en marche, les trains d'artillerie, les équipages de guerre et leurs conducteurs, les militaires isolés, porteurs de feuilles de route ou ordres de service.

Nota. — Les voyageurs ne paient qu'autant qu'ils passent à pied ; toute personne passant en voiture ne doit d'autre taxe que celle fixée pour l'équipage.

On reste stupéfait à la vue d'un tarif qui a l'art de se plier à 49 méthodes, de soutirer l'argent du public, et qui exige trois et six francs pour le simple passage d'une diligence.

Malgré le faible péage des ponts de Lyon, bien qu'il en existât en cette ville plusieurs non payants, la municipalité lyonnaise, nous l'avons dit aussi, vient de nous donner un exemple qui ne sera pas perdu pour nous. Elle a pensé que ces obstacles mécontentaient par trop la population; elle vient de racheter, d'emblée, et pour dix millions, les cinq ponts qui n'étaient pas affranchis.

Aurons-nous le courage de l'imiter en quelque chose, et quand l'aurons-nous !!!

Si nous copions nous le faisons trop tard et mal ; ainsi nous avons voulu imiter les Parisiens dans la transplantation d'arbres déjà vieux; nous avons pendant plus d'une semaine assisté au triste spectacle de l'agonie du fameux magnolia; que d'hésitations, que d'ordres divers, quel remue-ménage!

Un chemin de fer, on se le rappelle, fut créé spécialement. Eh bien! à Paris, l'on porte des chênes, des marronniers plus volumineux et plus âgés, du bois de Vincennes aux Champs-Elysées. Les entrepreneurs font cela tous les jours, sans train, sans embarras, sans qu'on s'en doute et garantissent la reprise de l'arbre, pour le prix de 200 fr. chaque!!! On dit que nous avons dépensé 30,000 fr. Imitons donc bien et à propos. Quand on n'a pas le génie de l'initiative, celui de l'imitation est indispensable: on fait alors de grandes économies qui servent à bien des besoins.

CHAPITRE III.

Travaux de la commission du pont, ses démarches, ses erreurs. — Rejet d'une subvention demandée par le Ministre au conseil municipal au sujet de la passerelle. — Rejet du projet de rachat appuyé par la Chambre de commerce. — Lettre du Maire d'Ivry, au sujet des prétendus dangers d'une passerelle. — Documents et pétitions. — Article des *Débats*, sur les journaux de la province, — Inertie du Conseil Municipal. — 2ᵐᵉ réunion publique. — Nomination de nouveaux membres de la commission.

> Oui, le temps a doublé son cours,
> L'humanité se précipite;
> Tous les chemins deviennent courts,
> L'océan n'a plus de limite.

Il est d'une stricte justice de soumettre à la publicité quelques-uns des nombreux documents imprimés sous les auspices de la Commission du Pont; l'on verra qu'elle a agi de manière à mériter la reconnaissance publique; ses actes et ses démarches ne sont pas assez connus, voilà tout. Essayons d'écarter le mystérieux silence qui, jusqu'à présent, nous ne savons pourquoi, a environné ses efforts:

une question publique doit, selon nous, se débattre au grand jour. Plus vous parlez fort, plus vous propagez vos idées; plus vite vous arrivez au but. La propagande du bien doit être aussi active, aussi bruyante, que celle du mal, et Dieu sait si elle a des ailes dans ce dernier cas.

Si la Commission dernière n'a pas réussi, nous pensons qu'elle n'a pas fait assez de publicité. Les procès-verbaux de ses séances auraient dû être publiés, ses démarches, ses circulaires aussi; enfin, la correspondance et le faisceau de ses travaux devaient être soumis périodiquement à l'opinion des masses.

Peut-être quelques hésitations ne se seraient pas fait jour, quelques volte-faces eussent été évitées, pour le plus grand bien du but recherché, et à la plus grande gloire des déserteurs : enfin, l'on n'eût pas abordé un plan coûteux et négatif, avant d'avoir complètement appuyé le précédent; tergiversation qui a fait abandonner la passerelle juste au moment où le Conseil Municipal allait se prononcer à son sujet.

Nous publions ici la pétition qui fut, à l'époque, signée par les Membres de la Commission du Pont et de la Passerelle, appuyée des démarches personnelles, auprès du Maire de Bordeaux, de tous ses membres présents à Bordeaux, hormis un seul.

Bordeaux, 20 décembre 1857.

A Messieurs les Membres du Conseil municipal de Bordeaux.

MESSIEURS,

Une pétition relative à la passerelle avait été signée par des noms des plus honorables de Bordeaux, et devait vous être envoyée, ce document s'est perdu. Nous nous hâtons de vous l'avouer et de vous dire, n'ayant pas le temps d'agir de nouveau, que notre pétition recommandait à votre patriotisme l'examen de cette affaire.

Huit mille signatures recueillies sans publicité dans la ville de Bordeaux, témoignent de l'importance de la question. Le ministre et l'Empereur ont reçu cent-vingt délibérations de divers conseils généraux ou municipaux. Onze départements de la Vienne aux Pyrénées demandent ce que nous demandons, unis à tant de communes diverses de la Gironde qui ont aussi pétitionné dans ce sens. Nous croyons que jamais question ne fut plus utile, plus populaire, car d'Agen à Bordeaux, ce long parcours si fertile est scindé en deux par un fleuve sur lequel pas un seul pont n'est gratuit, situation sans exemple ailleurs, qui tend à créer le marasme dans ce pays, et qui n'existe même plus aux extrèmes frontières; ainsi sommes-nous à ce sujet moins bien traités que l'étranger.

Cet état de choses doit changer le joug d'un tarif inoui qui a fait son temps; nos populations, pendant plus de quarante ans, ont supporté seules en France ce poids si écrasant. Partout ailleurs la franchise des communications est acquise, soit par des ponts rivaux, soit par des tarifs en harmonie avec le progrès des temps; bref, pas une ville de vingt mille âmes n'est aujourd'hui réduite à un seul pont, et Bordeaux qui possède 140,000 habitants se verrait refuser une passerelle située à 1,300 mètres d'un pont qui a quatre-vingt-dix-neuf ans de concession, qui se trouve privilégié par sa situation centrale, qui sera toujours préféré s'il abaisse ses tarifs comme à Lyon et à Bercy, et qui enfin a une garantie de l'état de 8 et $^1/_4$, ce qui le met à même d'être racheté directement si, par impossible, malgré tous ces avantages et l'abaissement indiqué, il ne faisait pas le minimum d'intérêt fixé dans ses statuts.

Ces raisons nous font penser, messieurs, que vous viendrez en aide à nos populations en votant une somme qui décidera les compagnies d'Orléans et du Midi, à nous accorder une faveur achetée par une patience qu'on peut dire admirable, puisque les Parisiens ont aboli toute taxe depuis plus de dix ans, quoi qu'ils possédassent vingt-cinq ponts sur lesquels huit seulement étaient payants.

Dans cet espoir, nous sommes, messieurs, avec respect, vos très-humbles serviteurs.

Signés : De Boutrie ; Cabrol ; Kervouet ; Trapaud de Colombe, Balguerie ; Hippolyte Rey ; Foussat ; Paul Dubois ; Baron Travot, etc., etc.

Cette pièce établit que l'on était fermement convaincu de l'avantage de la Passerelle, au point de vue de la certitude du rachat à venir du Pont, et qu'on considérait comme un gage certain la jouissance immédiate du passage si utile à tous. La désertion n'a pas porté bonheur ; on sait le résultat acquis au projet rival.

En attendant, voici une lettre, du 3 avril 1858, qui nous fut adressée par un des membres de la Commission, et qui prouve que nous n'avions pas tort d'avoir protesté contre cette manière d'agir.

Paris, 3 avril 1858.

Monsieur,

Il y a quelques jours que me trouvant au ministère des travaux publics, et parlant de la passerelle, M. B. me dit que l'on avait tout-à-fait renoncé au projet qui nous a occupés, et pour lequel j'avais été solliciter le ministre ; que M. B. se chargeait, à la satisfaction générale, de faire accepter par le Conseil municipal de Bordeaux, une proposition de rachat du péage du pont ; que ce que nous avions demandé en 1857 ne convenait pas, et ne satisfaisait nullement les intérêts généraux, etc.

Je lui dis que j'étais alors désolé d'avoir fait auprès du ministre une démarche qui, d'après ce qu'il me disait, n'était pas conforme au désir des Bordelais ; mais que dans cette circonstance j'avais cédé à la sollicitation de tous et de lui-même. Je le prévins que dorénavant j'aurais soin d'attendre, pour agir, qu'il me soit bien démontré que les personnes qui me pousseraient à tenter quelque chose auprès du Gouvernement n'ont pas l'intention de reculer.

J'aime peu les tergiversations ; je crois que ce que nous avions demandé était utile, et que c'était peut-être la seule chose possible. Maintenant il est trop tard, et je ne veux pas m'exposer à être blâmé par ceux-là même qui les premiers nous ont prié de solliciter.

Je me joindrai volontiers à mes collègues, s'ils trouvent qu'il est nécessaire d'agir auprès du Gouvernement, mais je ne prendrai pas l'initiative.

La commune de Bouliac a déjà, par l'organe de son Conseil municipal, manifesté l'intérêt qu'elle porte à la réussite du projet. Je ne sais s'il est nécessaire de le rappeler à Monsieur le Préfet, mais si elle doit le faire, M. C., soyez en sûr, me remplacera très-bien dans cette circonstance.

Ainsi que vous, Monsieur, je désire que l'obstacle dont vous me parlez soit levé, et vous remercie de toutes les peines que vous vous donnez pour amener cette solution si désirée, mais qui malheureusement était conduite par des hommes qui ont manqué de persévérance.

Agréez, Monsieur, l'assurance de ma parfaite considération.

Bon V^{or} TRAVOT.

Comme on devait s'y attendre (1) le Conseil Municipal refusa de voter une somme quelconque. Nous copions les considérants de sa délibération du 34 mai 1858 :

« 1° Considérant que la ville de Bordeaux ne peut contribuer à « la dépense dont il s'agit :

----

(1) La veille du rapport au sujet de la Passerelle, deux personnes avaient été trouver l'honorable M. Boudias, en lui affirmant que la Commission du Pont abandonnait cette question en faveur d'un nouveau projet ; on comprend si cette annonce a dû nuire, surtout quand on lui affirma qu'on avait en réserve un mode de rachat qui satisfaisait tout le monde et immanquable. Témérité qui aboutit à deux naufrages et qui a fait monter les actions du Pont de 100 francs.

« Qu'en effet,...

« La Passerelle ne serait d'aucune utilité à cause de son éloigne-
« ment et des *craintes* peut-être *fondées* de passer en *voiture* à cer-
« tains moments...

« 2° A cause de la *proximité* du Pont et de la parfaite sécurité
« qu'il inspire.

« Considérant que le Conseil Municipal a reconnu les avantages
« qu'il y aurait à la gratuité du passage du Pont, que le moyen d'y
« parvenir consiste dans le rachat, etc., etc. »

Nous sommes, comme tout le monde, de cet avis sur ce
dernier aveu naif; mais l'on a oublié de voter plus forte
somme pour ce rachat; c'était le cas ou jamais de s'exécu-
ter.

Voyons si, dans le rejet du plan dit de la Chambre de
Commerce, nos administrateurs s'occupent davantage de
la solution, si le chiffre se trouve cette fois formulé plus
ronflant, enfin, si ce n'est pas plus tôt une fin de non-rece-
voir qu'une amélioration de la question.

Quant à dire que la Passerelle ne serait d'aucune utilité
à cause de son éloignement, c'est une affirmation par deux
négations car on ajoute : *à cause de sa proximité du Pont.*
Si elle est trop éloignée, elle ne saurait être en même temps
trop près. On semble oublier que la peur des gens riches
n'atteint pas les gens pauvres qui ne peuvent se passer ce
luxe ; on semble oublier enfin qu'il faut payer et fort cher
la sécurité du pont de pierres ; que pour les campagnards
qui alimentent l'habitant de la ville, il y a une nécessité à
passer sans péage et que les favoriser c'est rendre service
aux citadins qu'ils nourrissent; donc, c'est conclure à l'absolue nécessité de la Passerelle, mais suivre ce raisonne-
ment si simple eût été combattre un parti pris.

Voici, à propos des prétendus dangers, l'extrait d'une lettre qui nous fut adressée, l'an dernier, par le maire d'Ivry, au sujet des périlleuses chances que l'on a cru être inhérentes à ces sortes de viaducs.

Ivry, 10 août 1858.

Monsieur,

Il n'est pas arrivé jusqu'ici un seul accident sur le pont de service du chemin de ceinture érigé entre Bercy et Ivry. Chacune des deux communes a eu à payer 25,000 fr. On devait établir un péage pour rembourser partie de la somme, mais le Ministre a payé pour nous.

Ce viaduc, qui porte le nom de pont Napoléon, n'a pas du tout anéanti son voisin le pont payant, dit de Bercy, ni même diminué ses recettes. Il y a une cloison en fonte qui sépare par le milieu la voie publique d'avec celle du chemin de fer, assez haute pour ôter aux chevaux la vue de la locomotive etc.

Le maire d'Ivry,
Signé : PICARD aîné.

P. S.— Le viaduc se trouve à 1300 mètres en amont du pont de Bercy.

Du reste, pourquoi Son Exc. le Ministre des Travaux Publics aurait-il demandé à la ville de Bordeaux une légère subvention ? Veut-on faire croire qu'il n'eût pas été fâché de faire rompre les os aux Bordelais ! La plus grande preuve que toute sécurité existe à ce sujet, c'est précisément cette *demande.* Le Gouvernement est assez éclairé et assez paternel pour ne pas autoriser des dangers et surtout pour ne pas les patroner. M. Bouher est assez habile pour savoir au juste que penser de ces prétendus périls dans l'espèce ; c'est une spécialité qu'il possède sans conteste, et son intervention met donc à néant ces allégations sans bases.

Nous devons répéter que plus de 120 délibérations de Conseils généraux ou municipaux furent provoquées en faveur de la gratuité du passage sur la Garonne, par les instances, les lettres, les circulaires du Comité du Pont, que quantité de pétitions, entre autres celle de La Bastide, demandaient la Passerelle. Voici le dernier de ces documents:

SIRE,

Les habitants de la commune de Cenon-la-Bastide, viennent humblement demander la haute protection de Votre Majesté sur un sujet d'intérêt général.

Le pont de Bordeaux, dû au génie de notre 1er Empereur, et qui dans sa pensée devait être un bienfait gratuit pour nos contrées, est devenu par les malheurs des temps un obstacle à toute amélioration : son péage élevé en est la cause, et le transit avec l'Espagne comme avec l'intérieur se trouve paralysé par la taxe placée à l'entrée du pont ; il est d'utilité publique que pareil état de choses cesse bientôt et Votre Majesté le comprendra comme nous...

Protecteur éclairé de tout progrès agricole, Votre Majesté comprendra nos besoins ; nous ne craignons pas d'avancer que les cultivateurs situés sur la rive la plus fertile de la Garonne, au Nord de Bordeaux, se ressentiront de l'affranchissement d'une taxe de passage qui éloigne du marché leurs produits agricoles, et que par le rachat du pont la mise à bas prix sera un des premiers résultats obtenus.

Votre Majesté se souviendra aussi que les Chemins de fer d'Orléans et du Midi doivent joindre les deux lignes par une passerelle qu'ils feront construire sur la Garonne.

Votre Majesté voudra bien songer aux intérêts de ceux qui l'invoquent et faire accorder la gratuité du passage aux chevaux et voitures, comme cela a eu lieu sur le pont de Bercy près Paris.

Bordeaux réduit à un seul pont, même s'il est racheté, sera inférieurement partagé comparé aux villes de Lyon, Nantes, Bayonne, etc.; l'activité commerciale, agricole et industrielle fait une nécessité de la gratuité du passage de la Garonne, et les habitants de la Gironde seront redevables à Votre Majesté d'un bienfait de plus, bienfait qui rentrait, du reste, dans les idées du fondateur de sa race à l'époque.

Puisse Votre Majesté apprécier nos besoins, et défendre les intérêts d'une population fidèle et dévouée à son Empereur, en lui accordant les moyens d'améliorer l'Agriculture.

Nous avons l'honneur d'être, de Votre Majesté, les très-humbles et dévoués serviteurs.

Le Rouzic, maire ; Peychaud, adjoint ; Serre, membre du Conseil municipal ; Taillard, membre du Conseil municipal ; Berthomieux, conseiller municipal ; Pujoula, conseiller municipal ; J. Blensing, membre du Conseil ; Bonisson, membre du conseil ; Sursol, membre du conseil ; Benoit, Bayau, Payement, membre du conseil ; Bassard, adjoint ; Giqueaux, membre du conseil ; Deloste, membre du conseil ; Delezé ; Charriaud ; Bourgès et Vergez ; Lenoir ; Juilles, vicaire ; Bonnedieu ; de Sulgy ; J. de Pineau ; Fourteau ; Vergez, curé ; Rambaud, vicaire ; de Montméjean, Chabrely, médecin ; Juzix ; B. Chabrely ; Landreau fils ; J. Lapouyad ; Raillac ; Vᵉ Laffire ; Faure-Laubarède ; Ichon ; Lalanne ; E. de Bouthier ; P. Tatin ; Paillère frères, Baron ; A. Dussaul ; J. R. Coutures ; Watering ; Desmeulles ; Coupat ; Martineau ; S. Bouliot ; Aubert ; comte Voullan de Moyeument.

Bègles, Floirac, Bordeaux et bien d'autres localités réclamèrent par des pétitions à peu près semblables le droit de franchir la Passerelle ; plusieurs milliers de signatures figurent au ministère, revendiquant cette faveur qui a trouvé si peu d'écho chez nos conseillers municipaux. On ne peut nier que ces volontaires du progrès n'eussent au moins été des pionniers audacieux et que leur nombre méritait quelque considération, et pouvait fortement ébrécher l'assertion idéale que l'on ne passerait pas sur la Passerelle.

Abordons le rapport municipal du 31 janvier dernier, rejetant le plan de rachat appuyé , disait-on, par la Chambre de Commerce.

D'après la combinaison, il serait demandé à la ville 1,350,000 fr.; le tarif perçu sur le Pont serait abaissé des deux tiers et la période restant à courir jusqu'à l'affranchissement du Pont serait réduite à 19 ans.

L'administration municipale est d'avis que cette proposition est *insuffisante* et *inopportune*; insuffisante, parce que l'intérêt réel de la ville est, non de diminuer le tarif mais de le supprimer, non d'abaisser la barrière mais de l'enlever entièrement; inopportune, parce qu'il convient d'attendre la modification que le fonctionnement de la Passerelle de jonction doit apporter aux recettes du Pont. L'administration pense qu'il y a lieu de rappeler au Gouvernement la juste prétention qu'a la ville de Bordeaux de voir racheter le Pont par l'État, et de renouveler l'offre de concourir à ce rachat par un quart de la dépense.

Ainsi, si l'intérêt de la ville est de supprimer tout péage, on devait penser que depuis tant d'années on eût dû au moment arriver à cette suppression ; on s'attendait qu'en présence d'une déclaration si souvent renouvelée, l'on aurait affecté quelques millions de plus et qu'on aurait terminé ce rachat (1). Point du tout! on ne dit pas qu'on est disposé à

---

(1) Pourquoi n'a-t-on pas usé du moyen dont nous avons déjà parlé et qu'ont employé les Lyonnais. Venant d'acheter un Bois de Boulogne, et ayant leur caisse vide, ils ont su racheter 5 ponts à la fois, au moyen d'obligations payables en 99 ans, et rapportant 5 p. 100 avec prime de 250 fr. Ne pourrait-on faire comme eux;

une augmentation de dépense ; on oublie que les actions, même avec la concurrence, pourront augmenter de prix, mais non diminuer, ce que l'événement et la cote de la Bourse prouvent tous les jours, malgré la baisse qui frappe toutes les valeurs ; on insiste sur la prétention que l'Etat rachètera, malgré son refus *réitéré, signifié* à la *Commission* du Pont, et rendu public par *la lettre* du colonel *Thiérion,* député ; enfin, on renvoie à un temps indéterminé après la conclusion d'une Passerelle à laquelle on travaille peu ou point (1) pour laquelle on économise jusqu'au bois nécessaire à l'entier achèvement du pont provisoire, ce qui forcément ralentira beaucoup les travaux et fait supposer pour près de dix ans d'attente, s'il n'arrive aucun cas de force majeure ; il faudra une expérience de plusieurs années pour se rendre compte de l'effet de cette concurrence, et cette épreuve peut, comme à Bercy, faire augmenter la valeur des actions.

Hors, si ce cas arrivait, quels reproches n'auraient pas

---

dût-on même faire subir quelques années encore un péage notablement réduit ? Le public patienterait avec joie et les charges municipales seraient peu de chose. On éviterait ainsi bien des déboires.

(1) Il y a en ce moment 150 ouvriers au plus ; il faudra plus de 3 ans pour achever ce travail qui devait, aux termes du décret, être achevé en 18 mois. Et l'imprévu, et les crises, et la guerre ! Nous sommes donc nés d'hier pour ne pas tenir compte de ce que le passé devait nous avoir appris. Renvoyer au lendemain ce que l'on peut, ce que l'on doit faire dans le présent, c'est lâcher la proie pour l'ombre.

On n'a pas encore touché à la ligne de raccordement. Et le terme du décret est expiré depuis trois mois.

à se faire ceux qui auraient concouru à une détermination sans issue possible.

Groupons ici quelques documents qui ont trait à cette question et qui se sont fait jour, soit par l'impulsion du Comité, soit par l'élan naturel des populations, bien avant la création du Comité.

Le maire de la commune de Floirac (1) avait adressé plusieurs pétitions demandant, au nom d'un grand nombre d'habitants de ces contrées, le passage multiple sur la Passerelle ; on peut dire que l'honneur de l'attaque appartient à cette commune. Bègles en fit quelques jours après autant. Les notables de Saint-Michel ont eu en mains une pétition adressée à l'Empereur, rédigée dans le même sens ; 7 à 8000 signatures y figurent, et, chose remarquable, c'est que la partie de la ville qui paraissait être la moins intéressée à cette question par son éloignement, c'est-à-dire les Chartrons, fournit la plus forte portion de signatures (2).

Nous croyons inutile de répéter à peu de chose près le contenu de la pétition de La Bastide; nous nous contenterons d'insérer ici la pétition adressée, l'an dernier, au Conseil Général ; nous ignorons si elle émanait de l'influence du comité, mais elle contenait des noms des plus honorables de la ville. Voici à peu près son contenu, dont nous ne donnons qu'une courte analyse afin de ne pas répéter à satiété presque les mêmes idées :

---

(1) L'honorable M. Trapaud de Colombe.

(2) MM. Chabannes eurent la mission de l'envoyer au général Marbot.

A Messieurs les Membres du Conseil Général de la Gironde.

Le Conseil Municipal de Bordeaux, mal renseigné sans doute, a refusé de voter, sur la demande du Gouvernement, une somme réclamée pour obtenir le passage gratuit sur le pont des chemins de fer ; 500,000 fr. auraient suffi dans ce but. Vu les difficultés et le haut prix, le rachat du pont semble inabordable à nos finances ; une quantité innombrable de pétitions réclame pourtant la franchise des communications ; méconnaître ces vœux est plus qu'une faute.

En conséquence, nous vous prions d'imposer le département d'une somme annuelle, très minime, mais indispensable à couvrir en 50 ans l'intérêt et l'amortissement des 500,000 fr. demandés, ou bien d'agir dans le même sens, mais pour 2,000,000 fr. environ avec lesquels on construirait facilement un pont en fer et que l'on amortirait par un léger péage ; ce sera encore un bienfait inappréciable comparé à ce qui existe.

Les actions ayant un minimum d'intérêt de 8 et quart ne peuvent pas perdre sur le prix actuel.

Recevez, Messieurs, l'assurance de la haute considération de vos serviteurs très-humbles.

(Signé par 200 noms des plus notables.)

Nous pourrions retracer ici plusieurs articles de journaux des départements circonvoisins traitant cette question, l'envisageant de la même manière ; Bayonne, Pau, Mont-de-Marsan, ont abordé savamment ces questions. La presse locale, malgré sa position complexe, n'a pas hésité à aider de son concours tous les efforts. On se rappelle le livre plein d'aperçus féconds qui parut, il y a deux ans, sous le nom d'un publiciste énergique, M. de Saulnier, malheureusement enlevé trop tôt à notre ville. L'on se souvient des articles de *la Guienne,* du *Mémorial,* du *Courrier de la*

Gironde, de *la Gironde*, de *l'Indicateur*, et même de feuilles plus légères ; n'oublions pas combien nous devons tenir
compte à ces aides patriotiques , car ces journaux ont des
actionnaires du Pont dans leur clientelle, et quelques-uns
même ont cessé leur abonnement, d'autres les en ont me-
nacés si l'on continuait à parler de la Passerelle.

Nous ne sommes pas ici à Paris, à côté d'un personnel
influent ; l'on n'a pas, comme dans la capitale, un même
nombre d'influences qui contre-carrent des projets mesquins ;
l'influence qui s'appuie sur des masses, aussi minimes
qu'elles soient, réussit toujours là-bas. Ici, elle échoue ; on
ne peut se faire une idée du grand nombre de faits que nous
pourrions citer venant à l'appui de cette affirmation. Donc,
nous devons d'autant plus de gratitude à la presse locale
qu'elle n'a pas, comme celle de Paris, la France pour abon-
née, et qu'en cette circonstance elle n'a pas failli à sa
mission.

Nous devons transcrire ici une lettre que nous eûmes
l'honneur d'adresser. à propos de cette situation, à un des
rédacteurs d'une feuille appréciée de Bordeaux, et ce à l'occasion de l'article du 20 septembre 1858, qui parut dans
les *Débats*, intitulé : *Des Journaux de Province.*

Les feuilles de province ne parlent pas, disait cet article,
ou si elles parlent c'est pour nous entretenir de la politique
européenne, mais de politique locale, de questions écono-
miques intéressant le sol, néant!!...

Nour crûmes devoir protester contre une insinuation
injuste et démasquer une phraséologie visant à l'effet,
mais au fond peu soucieuse d'aider au retentissement des
efforts des publicistes accusés, ainsi qu'on peut en juger

par la conduite d'un des rédacteurs des *Débats*, M. Bertin, ainsi que par celle de M. Millaud, propriétaire de la *Presse*.

Voici notre lettre ; on nous excusera de la publier ; elle est un juste hommage à la vérité :

MONSIEUR,

A propos de deux articles qui ont paru dans le journal que vous rédigez, intitulés *les Débats et les Journaux de Province*, permettez-moi quelques réflexions. Le journal *Les Débats* aime à donner des leçons, le rôle de censeur a toujours été son apanage uni à une espèce de philosophie voltairienne, il vivra et mourra comme messieurs du *Siècle*, dans l'impunité. C'est une manière de s'enrichir de nos jours, mais non une conviction que les rédactions de ce genre. Cela dit, j'entre en matière, et je dis : Le journal *Les Débats* placé dans un centre qui lui donne une publicité immense, et qui peut servir les grands intérêts de la province devrait, moins que tout autre, accuser ses confrères éloignés de mauvais vouloir ou de négligence, car ce journal, en ce qui concerne Bordeaux, s'est-il évertué à reproduire le sens des articles qui ont paru dans nos feuilles locales sur les questions d'intérêt général ? nullement ! Pas plus pour la question des eaux, que pour celles des docks, des paquebots, de la passerelle, du Pont, etc., etc., nous n'hésiterons pas à dire non encore ; nous savons même qu'un de ses rédacteurs (1), prié de traiter dans son journal ces deux dernières questions, a nettement refusé de s'en occuper, après l'avoir presque promis ; nous pour-citer quelques autres journaux de Paris, qui ont agi de la même façon, notamment la *Presse* appartenant pourtant à un Bordelais (2).

Dès-lors, est-il étonnant si la grande publicité ne met pas en re-

---

(1) Nous croyons que c'est M. Bertin.

(2) M. Millaud, nouvel acquéreur de la *Presse*, malgré de belles phrases et de plus beaux gestes encore au sujet des Bordelais, a décliné l'honneur de les servir en ces occurences.

lief certaines questions provinciales, est-il étonnant, dis-je, que la presse départementale n'ait peut-être pas toujours l'émulation que lui donnerait un immense écho. Les journaux de Paris n'ouvrent leurs colonnes qu'à la camaraderie, les intérêts provinciaux leur sont indifférents quoi qu'en disc leurs rédacteurs. Bien qu'il ne faille accepter la boutade du journal *des Débats* que sous bénéfice d'inventaire, elle contient du vrai ; en province, et surtout ici, toutes les hautes questions mettent des siècles à se décider; un silence mortel environne tout effort, toute tentative d'amélioration; il suffit d'une poignée de personnes influentes pour arrêter tout essor, tout bien-être. Ainsi qu'un certain nombre d'individus soit intéressé à ce qu'on ne fasse pas un nouveau pont, non-seulement il ne se fera pas, mais l'on ne pourra racheter l'ancien.

La presse sera menacée de désabonnement si elle insiste pour le bien public et s'y dévoue ; toutes les intrigues seront mises en jeu vis-à-vis les corps constitués qui, par liens de parenté ou autres, refuseront toute concurrence à des intérêts personnels; ce que je signale ici, peut s'appliquer aussi aux docks, etc., etc., et autres améliorations; si par une entente fâcheuse ou une interprétation frappée du sceau de l'égoïsme, quelques individus influents se sont persuadés que leurs magasins ne se loueraient pas ou se loueraient mal, jamais les docks ne se feront à Bordeaux. Partout ils seront faits, le commerce se sera dirigé de plus en plus vers les ports rivaux; n'importe ! on restera convaincu qu'on louera mieux ses immeubles sans la concurrence des docks et sans commerce, qu'avec une prospérité décuple qu'ils entraînent avec eux ou à leur suite.

Ce que je signale là, peut s'appliquer à tout progrès et même directement à la centralisation parisienne ; fléau moderne dont le caractère provincial a plus à s'accuser qu'il ne le pense, et dont les suites menacent sérieusement l'équilibre du pays.

Dois-je dire en finissant l'étonnement qu'on a éprouvé naguère à l'annonce du rejet par le Conseil Municipal de 500,000 fr. pour l'obtention de la gratuité pour le public sur la passerelle des Chemins de fer ? C'était le nœud gordien, on n'a pas voulu le trancher;

et puisqu'on ne pouvait racheter le pont, c'était du moins un adoucissement immense. Ainsi l'avait pensé le Ministre en adressant sa demande au Conseil Municipal de Bordeaux. Eh bien! à cette nouvelle, pas un journal de la ville n'a protesté, et tous par maints articles avaient appuyé cette combinaison; voilà un dernier trait qui, il faut en convenir, donne une apparence de raison à la feuille parisienne, et qui, espérons-le, n'a été qu'un oubli qui ne sera pas perdu à l'avenir; à moins qu'on assimile ce silence à celui qu'on nomme la leçon des rois, je n'y vois aucune excuse.

Si la presse en Province n'insiste pas à satiété sur certaines questions, si la publicité n'a pas la virilité qui seule, peut chez nous faire marcher les hommes et les choses, nous n'aurons jamais un progrès, une vie à nous; nous ne serons que d'éternels et pâles copistes enrayant toute amélioration, tandis que nous devrions souvent prévenir, et toujours devancer nos rivaux : ce qui est passé de mode chez nous depuis un siècle bientôt. C'est la seule force, le seule pilote qui puisse quelque chose contre le déchaînement de l'individualisme provincial.

Recevez, Monsieur, de votre serviteur, ces observations avec votre indulgence ordinaire, et à titre d'études de mœurs du journalisme parisien et pour preuve nouvelle de ce que parler veut dire.

L. L.

D'où vient donc qu'avec tant d'appuis, tant de zèles, tant de dévouements, tant de réclamations, nous n'ayons encore rien obtenu; là est l'énigme. Nous vivons en province!... Le Préfet, la Députation entière a fait des démarches, la Commission du Pont, la Chambre de Commerce, le Conseil Général, ont signalé maintes fois l'état fâcheux de notre situation; la presse locale, des pétitions nombreuses, les vœux plus nombreux des départements voisins ont appuyé nos besoins, et nous ne sommes pas plus avancés qu'au départ de M. Haussmann. Il n'est qu'une voix pourtant pour proclamer les désirs de son successeur, son appui en toutes circonstances. D'où vient donc qu'on ne peut, avec tant d'éléments de succès, aboutir qu'à néant ?

Nous ne pouvons admettre que la municipalité actuelle , par ses temporisations éternelles, puisse mettre en question l'activité publique ; nous ne pouvons croire qu'elle puisse se laver d'une tâche semblable si elle persiste dans sa manière de voir ; s'il devait en être ainsi , le sinistre *Memento qui a pulveris est* pourrait lui être rappelé et l'indifférence publique le lui prouver à l'occasion.

Une preuve vient appuyer notre dire ; c'est que pendant que nous rédigeons cette protestation, une assemblée des souscripteurs , appelés à verser les fonds indispensables à l'œuvre de la gratuité, vient de nommer de nouveaux membres ; elle a choisi de préférence les personnes qui ont été fidèles à la Passerelle et nous citons avec joie , MM. Curé , Trapaud de Colombe et le Baron Travot ; nous devons dire que cette réunion a émis le vœu exprès d'arriver à la franchise des communications par tous les moyens possibles.

A l'œuvre donc et bon courage ! Le sentiment public vient de prouver, par cette épreuve , qu'il est tout disposé à redoubler de zèle pour revendiquer plus qu'un besoin, plus qu'un droit.

Puisse le berceau du libre-échange ne pas être en contact longtemps encore avec une anomalie qui fait notre honte , notre ruine , et qui jure avec les maximes libérales proclamées et soutenues par ses enfants. La liberté de circuler n'est autre que le libre-échange.

CHAPITRE IV.

Des ailes, toujours des ailes.
RÜKERT.

Le besoin de publicité nécessaire aux meilleures causes trouve, dans les appréciations de nos écrivains, un appui qui vient en aide à notre manière de voir.

Voici, à ce sujet, un des derniers articles de nos journaux qui vient très à propos nous donner raison ; nous le reproduisons *in extenso*.

« Nous nous sommes plaints à diverses reprises du laconisme des comptes-rendus des séances du Conseil municipal, tels que le secrétariat de la ville les communique à la presse bordelaise. Nos observations ont trouvé des sympathies nombreuses; il parait même que des plaintes ont été exprimées avec vivacité au sein du Conseil. Il semble même qu'afin d'échapper à la critique, on a pris à la mairie le parti de supprimer dorénavant tout compte-rendu et de tenir le public dans l'ignorance de ce qui se passe dans les réunions des représentants de la cité.

Sans parler des séances qui peuvent avoir eu lieu en avril depuis le 11, date de la dernière réunion dont le compte-rendu a été publié dans les journaux, nous croyons qu'il y a eu séance du Conseil le lundi 2, le vendredi 13 et le vendredi 30 mai. Rien n'a été communiqué au sujet de ce qui s'y est passé ; et toutefois , s'il faut en croire les bruits qui circulent, un rapport relatif à 200,000 ou 300,000 fr. (les chiffres exacts nous sont inconnus) de dépenses faites au Jardin-Public sans autorisation, sans vote du Conseil, sans que son avis eût été demandé , a jeté sur l'administration un blâme sévère. On parle aussi d'un rapport qui mériterait d'être connu , au sujet d'un procès intenté contre la ville par des entrepreneurs du canal d'amenée des eaux.

Signalons-le aux publicistes qui croient à tort que quand ils prennent en main la défense d'un intérêt c'est son arrêt de mort. Sans doute il y a eu un moment où un discrédit a frappé une fraction de la presse, mais c'était dans la sphère politique et encore quand elle déraillait complètement; il ne faut pas confondre cette situation avec ce qui existe aujourd'hui. Autant nous condamnons l'exagération et la fumée politique, autant nous pensons que les questions d'intérêts locaux doivent être étayées par la presse départementale qui n'a du reste d'autre raison d'existence.

Décliner ce droit, ce devoir, est une vraie désertion; vivre des répétitions des journaux de Paris n'est pas un but ; ce serait un triste métier indigne des personnes qui ont l'honneur d'être à la tête de la presse peut-être la plus honorable du Pays.

Revenons donc à la charge en les priant de n'avoir qu'un sentiment à ce sujet, et tout en remerciant ceux qui ont beaucoup fait , prions ceux en retard de joindre leurs travaux à ceux de leurs confrères.

Qu'ils visent à inculquer l'idée féconde qu'il faut de grandes améliorations à nos contrées; que ceux qui ont en mains nos intérêts doivent accorder au moins les 100,000 fr. que le directeur des travaux publics réclamait ces jours-ci à nos Députés pour faire construire sur la Passerelle des trottoirs qui seraient abandonnés aux piétons; ou mieux revenir, et il en est encore temps, pour 500,000 f., au passage des véhicules sur la passerelle ; sinon, pousser à la construction d'un second pont qui coûtera au plus 3,000,000 f. et qui ne sera pas de trop dans une ville de l'importance de Bordeaux.

Leur rappeler le rachat du pont Deschamps par des obligations remboursables par annuités et rapportant intérêt, seul moyen de payer sans trop de peine environ 4,400,000 fr. que coûtera ce rachat, si toutefois l'on parvient à obtenir une loi d'expropriation, ce qui comme on l'a vu sera hérissé de difficultés et de lenteurs, motif qui milite en faveur de l'opinion déjà émise qu'il ne faut pas attendre l'étude de la concurrence de la passerelle sur les recettes, qu'il faut au contraire agir sans plus de délais, adopter de suite la passerelle ou la construction d'un second pont, ce qui sera plus simple, plus prompt et moins coûteux : le rachat se fera alors par la force des choses en temps et lieu.

Rappelons qu'à l'œuvre on connaît l'artisan. Ce n'est pas un effort que nous demandons, c'est de la suite, des répétitions, c'est de la satiété s'il le faut ; le *fiat lux* des temps modernes n'est pas autre chose. C'est triste à dire, mais c'est vrai !

Si le silence qui voile les travaux de nos Conseillers municipaux est condamné, s'il peut s'appuyer sur la loi et pourtant arracher des plaintes légitimes, fuyons cet exemple ; groupons-nous dans un but d'émancipation, parlons souvent et fort; surtout agissons. Cet adage; *aide-toi, le ciel t'aidera,* n'a jamais été plus utile, et pour la cause qui nous occupe toutes les voix de la presse ne sont pas de trop. Espérons que ses plaintes sont sincères et que ce qu'elle condamne ailleurs ne sera pas ici exception. La question de la franchise des communications dans une ville comme Bordeaux est la question la plus vitale, elle a droit à la publicité, au retentissement que l'on réclame avec raison pour toutes les affaires intéressant le public. La protestation ci-dessus serait un gage qu'elle ne fera pas faute à notre cause, si le passé n'était pas là pour nous prouver les sympathies qu'elle a déjà obtenues; mais qu'elle ose réclamer encore avec plus de suite et de persistance, qu'on se souvienne que cette cause n'a presque pas fait de progrès dans certaine sphère administrative et qu'il est bien temps que Bordeaux sorte de l'ornière. Nous lui souhaitons donc des ailes ; plaise à Dieu que nous puissions leur ajouter une plume quelconque.

Ces pages étaient à peine livrées à l'impression, que le Conseil Général, meilleur juge de nos besoins, rendait une décision, sinon entièrement conforme à nos idées, du moins s'en approchant beaucoup. La faute de notre municipalité se trouve ainsi palliée, Dieu aidant.

Monsieur le Préfet a une belle mission à remplir, bien que très difficile; il a mission d'obtenir le passage des piétons sur la passerelle et de conclure le rachat du pont; nous ne doutons pas qu'avec sa haute supériorité, il n'arrive à un résultat si envié et qui sera un des plus brillants fleurons de sa couronne administrative.

Il est pénible d'avouer que le refus de laisser circuler les charrettes sur le nouveau pont, compliquera considérablement les choses; cette concurrence nécessaire était une attaque de front, qui confondait l'ennemi et le forçait presque à capituler. Il lui reste donc une large issue qui peut doubler sa ténacité et ses prétentions étayées par des statuts qui lui serviront de retranchements peu abordables. Déplorons aussi que la décision du Conseil Général ne soit pas un peu plus explicite, qu'elle ne tranche pas sans réticences le rachat; il nous semble qu'on pouvait donner immédiatement pouvoir au Préfet, de traiter sans délais, en aliénant les ressources départementales, comme il l'entendrait dans ce but. Peut-être est-ce l'avis du Conseil Général, mais l'analyse, souvent tronquée des journaux, est à ce sujet un peu vague, de sorte que les efforts peuvent, pour un certain temps du moins, demeurer encore stériles, faute de pouvoirs assez efficaces, assez énergiques.

Voici, d'après les documents en nos mains, les décisions adoptées :

Le Conseil renouvelle le vœu : 1° Que le pont soit racheté et que ce rachat ait lieu d'une manière complète et prochaine ;

2° Que le Conseil invite M. le Préfet à lui faire connaître pour quelle somme et de quelle manière les ressources départementales permettront au département de concourir à ce rachat ;

3° Que M. le Préfet, dont le zèle intelligent et chaleureusement dévoué aux grands intérêts du pays est si bien apprécié du Conseil Général, veuille bien prendre l'initiative des études à faire, des négociations à ouvrir et des mesures à prendre.

A la suite, il est proposé au Conseil d'émettre le vœu qu'un passage gratuit pour les piétons, soit annexé au pont de jonction des chemins de fer et que M. le Préfet soit invité à vouloir bien prendre l'initiative de l'arrangement à intervenir entre les divers intérêts engagés dans la question.

Espérons toutefois que bientôt nous n'aurons plus qu'à entonner un *Te Deum*, sans oublier cette maxime éternellement vraie : Aide-toi le ciel t'aidera.

NOTA.

Nous ne pouvons cacher la nouvelle que la Prusse à cette heure même, donne un démenti aux craintes chimiques, de ceux qui ont prétendu que les populations redoutaient de pratiquer un viaduc contigu à une voie ferrée. Le 3 octobre 1859 le pont à deux fins a été livré à la circulation devant Cologne, et ce malgré la possession d'un pont gratuit, très voisin. Le pont construit en fer est divisé en deux passages, l'un au sud, large de 27 pieds et bordé de deux trottoirs, est destiné à la circulation des voitures et des piétons, l'autre au nord mesurant 24 pieds de largeur est réservé à la double voie du chemin de fer. Sa longueur est de 1,352 pieds, les piles sont établies à 313 pieds l'une de l'autre, le treillis qui sépare les deux passages mesure 27 pieds de haut ; il est entré dans la construction du pont 100,000 quintaux de fer.

Ce nouvel exemple servira de dernière protestation et vient clore à propos, la série de preuves accumulées contre un système si obstiné, qui envers et contre tous, n'a pas voulu dévier de l'ornière, ce qui a suffi pour nous priver des mêmes avantages, généralement octroyés partout ou des constructions semblables se font et surtout quand la nécessité de la circulation a excité les populations à des manifestations sérieuses et légitimes.

Bordeaux — Imprimerie RAGOT, rue de la Bourse, 11-13.